Der Kinderbuchbär Mit bunten Bildern

Wildkaninchen

Feldhase

Tilde Michels

Kleine Hasen werden groß

Bilder Käthi Bhend

EDITION BÜCHERBÄR

Das erste, was von Ram aus dem Erdloch
herausschaute, war seine Nase.
Er schnupperte in die Morgenluft.
Es roch nach Gras und Kleeblüten.
»Das ist gut«, sagte Ram.
Er kletterte ganz aus dem Loch heraus,
stellte die Ohren auf und lauschte.
Mücken sirrten,
und Blätter raschelten im Wind.
»Das ist auch gut«, sagte er.

Dann drehte er sich um und rief:
»Du kannst kommen, Silla. Es ist alles
in bester Ordnung.«
Da kroch auch Silla aus dem Bau.
Sie setzte sich auf, schnupperte,
horchte und hoppelte zu Ram.
»Ich hab' mächtigen Hunger«,
erklärte sie.
Die beiden Kaninchen liefen ins freie
Grasland. Sie machten immer fünf oder
sechs Sprünge, dann setzten sie sich auf,
schauten rundum und drehten ihre
Ohren nach allen Seiten. Erst wenn
ihnen nichts Verdächtiges auffiel,
hüpften sie weiter.
Es war früher Morgen.
Die Sonne war
noch nicht aufgegangen.
Am Himmel
wurde es aber schon hell.
Tau lag auf der Wiese
und machte das Gras frisch und saftig.

An einer Stelle mit Löwenzahn
hielt Silla an. Ram begann
ein Stück entfernt von ihr zu grasen.
Während sie fraßen, achteten sie genau
darauf, was um sie herum vorging.
Geduckt hockten sie im Gras.
Alle paar Minuten aber stellten sie
die Ohren auf und lauschten.
Als die Sonne über dem Wald aufging,
hatten sie sich satt gefressen.
Dicht nebeneinander hoppelten sie
zum Kaninchenbau zurück.
Da sagte Silla:
»Ich glaube, es wird Zeit,
daß wir die Kinderstube bauen.«
Beim letzten Vollmond hatten Ram und
Silla Hochzeit gehalten. Jetzt sollte Silla
zum ersten Mal Junge bekommen.
»Wann, glaubst du, wird es soweit sein?«
fragte Ram.
»Wenn der Mond wieder rund ist«,
antwortete Silla.

Kaninchen zählen nicht nach Tagen
und Monaten. Sie sagen nicht:
im Mai, oder im August.
Sie sagen: wenn der Klee blüht;
wenn das Korn gelb wird;
wenn das Kraut dicke Köpfe hat.
Silla sagte also:
»Wenn der Mond wieder rund ist.«
Und sie fügte hinzu:
»Eine schöne große Kinderstube
soll es werden.«
»Für wie viele Jungen meinst du?«
fragte Ram.
»Wie viele es werden, kann man doch
nicht wissen«, sagte Silla.
»Vielleicht vier, vielleicht auch zehn.«
»Zehn!« rief Ram.
»Ist das nicht
ein bißchen viel
auf einmal?«

»Ach was«, sagte Silla. »Eine Cousine von mir hat auch gerade zehn Junge zur Welt gebracht. Und meine Mutter hatte mehr Kinder, als sie zählen konnte. Elf Junge auf einmal waren für sie gar nichts. Das weißt du doch selbst.«

»Klar weiß ich das. Trotzdem, es kommt mir viel vor.«

»Warten wir ab«, sagte Silla und schlüpfte in den Bau.

Ram folgte ihr.

Das Erdloch,
in dem Ram und Silla verschwanden,
führte in den Kaninchenbau.
Es gab noch viele andere Eingänge,
denn die unterirdische Wohnung
war verzweigt. Über Jahre hin
hatten viele Kaninchen daran gebaut.
Sie hatten Gänge gegraben
und Höhlen ausgeschachtet.
Von oben war außer den Schlupflöchern
kaum etwas zu sehen.
Der größere Teil des Baus
lag unter der Wiese.
Ein Stück weit war er aber auch
unter den Wald gegraben.
Die Kaninchen konnten ihn
von der Wiese und vom Wald aus erreichen.
Es war Platz genug für zehn Familien.
Weil aber immer wieder
neue Junge zur Welt kamen,
mußte der Bau ständig erweitert werden.

Kaninchen leben gern
in einer großen Familie zusammen.
Sie passen gemeinsam auf die Jungen auf.
Sie putzen sich gegenseitig das Fell.
Und wenn es kalt wird,
kuscheln sie sich
aneinander und
wärmen sich.

»Also wo?«
fragte Ram.
»Wo willst du
die Kinderstube haben?«
Silla schob sich weiter durch
den unterirdischen Tunnel.
Zu beiden Seiten lagen bewohnte Höhlen.
Sie schnupperte und tastete die Wände ab.
Schließlich sagte sie:
»Hier wäre es gut.«

Und dann begannen sie mit der Arbeit.

Der ganze Bau war in sandigem Boden angelegt. Gänge und Höhlen ließen sich gut darin graben.
Ram und Silla kratzten mit den Vorderpfoten ein Loch in die Wand.
Mit den Hinterpfoten beförderten sie den herausgegrabenen Sand ins Freie.
Sie schoben ihn rückwärts durch den Tunnel.
Silla war froh, daß Ram ihr half.
Meistens überlassen die Kaninchenmänner das Graben den Frauen.
Aber Ram war anders.
Er sagte: »Warum sollst du das alles allein machen?
Das Graben,
das Nestbauen
und dann noch
das Jungekriegen!«
Bald hatte die Kinderstuben-Höhle die richtige Größe, und Silla sagte:
»Schluß! Das genügt!«

Sie rutschte noch eine Weile in der Höhle herum, um die Wände zu glätten.
Dann begann sie,
sich Wolle aus dem Fell zu rupfen.
Damit polsterte sie den Boden aus.
»Unsere Kinder sollen es warm und weich haben«, erklärte sie.
Ram bewunderte das Nest.
Er war sehr zufrieden mit ihrer Arbeit.

»Das Graben hat mich müde gemacht«, sagte er. »Und hungrig bin ich auch schon wieder. Ich habe Lust, ein bißchen zu grasen.«

»Gute Idee«, antwortete Silla.

»Wir suchen uns zuerst etwas zu essen. Dann schlafen wir.«

Sie krochen von ihrer Höhle aus in den Hauptgang und von da aus ins Freie.

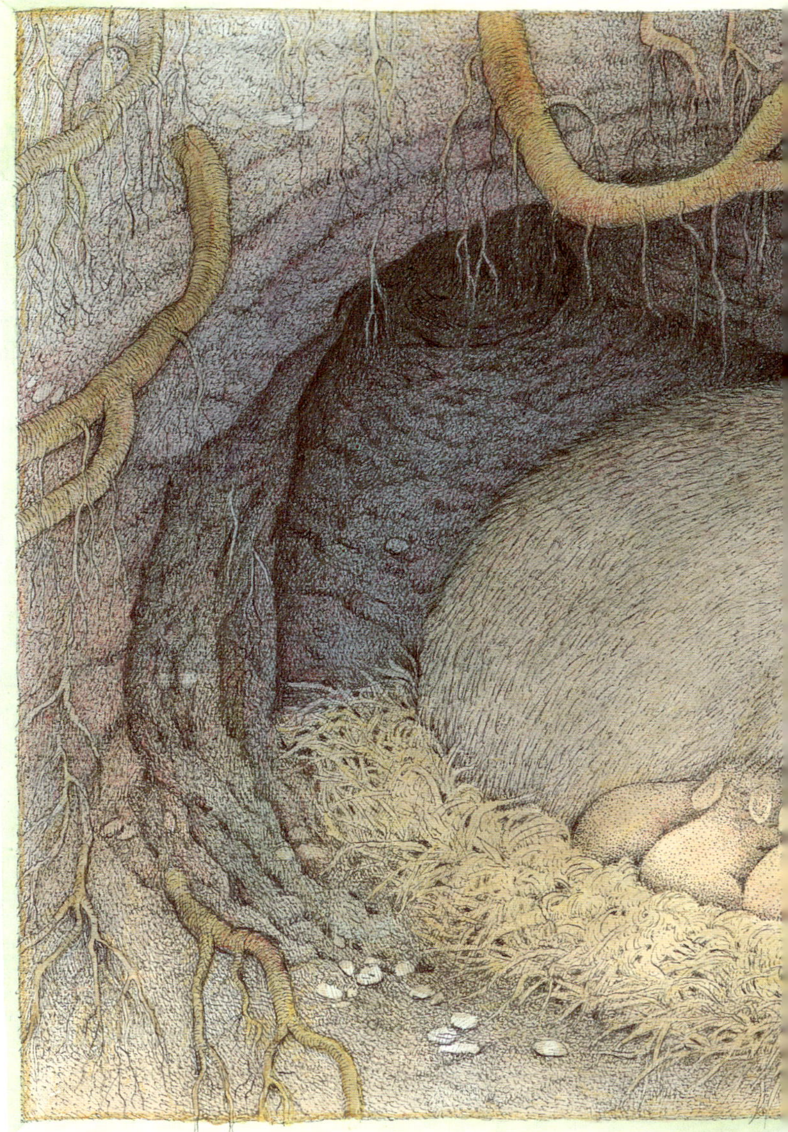

Was Silla vorausgesagt hatte,
traf wirklich ein. In der kommenden
Vollmondnacht brachte sie ihre Jungen
zur Welt. Sieben winzige Kaninchen.
Ihre Augen waren noch geschlossen.
Sie konnten nicht sehen. Ihre kleinen
Ohren waren rund wie Mauseohren.
Sie konnten noch nicht hören.
Und sie hatten noch kein bißchen Fell
am Körper.
Nachdem Silla sie abgeleckt
und geputzt hatte, rief sie nach Ram.
»Schau sie dir an, unsere Kinder!
Sie sind gesund und schön.«
Ram hockte sich neben Silla vor das Nest.
Er betrachtete seine Jungen
und wiederholte voller Stolz:
»Sie sind gesund und schön.«

Silla war nun dauernd beschäftigt.
Sie säugte die Jungen. Sie putzte sie.

Und sie saß viele Stunden vor dem Nest, um sie zu bewachen. Nur wenn sie Hunger hatte, kroch sie aus dem Bau. Dann stopfte sie den Eingang zur Nesthöhle mit Gras zu, damit niemand die Kleinen stören konnte. Zum Schlafen legte sich Ram zu den anderen Kaninchen, denn die Kinderstube war nur für Silla und die Jungen da. Auch zum Grasen ging er jetzt mit den anderen nach draußen. In der Morgendämmerung und am Abend war die Wiese beim Bau voller Kaninchen. Meist waren es dreißig oder vierzig. Seinen Vetter Polko mochte Ram besonders gern. Er hoppelte zu ihm, und die beiden grasten Seite an Seite miteinander.

»Bist du heute allein?« fragte Polko.
Ram mümmelte noch ein Pfefferminzblatt
hinunter, bevor er antwortete:
»Silla hat gestern nacht
Junge zur Welt gebracht.«
»Eure ersten?« fragte Polko.
»Unsere ersten«, bestätigte Ram.
»Wie viele sind es denn?« fragte Polko.
»Sieben«, sagte Ram.
»Sieben gesunde, schöne Junge.«
»Sieben!« rief Polko.
»Für den Anfang ist das nicht schlecht.«
Er setzte sich auf, äugte umher,
und dann sagte er:
»Übrigens, die Feldhasen
haben auch Junge.«
Ram schüttelte seinen Kopf,
daß die Ohren flogen.
»Pah, Feldhasen!«
»Was hast du
gegen Feldhasen?«
erkundigte sich Polko.

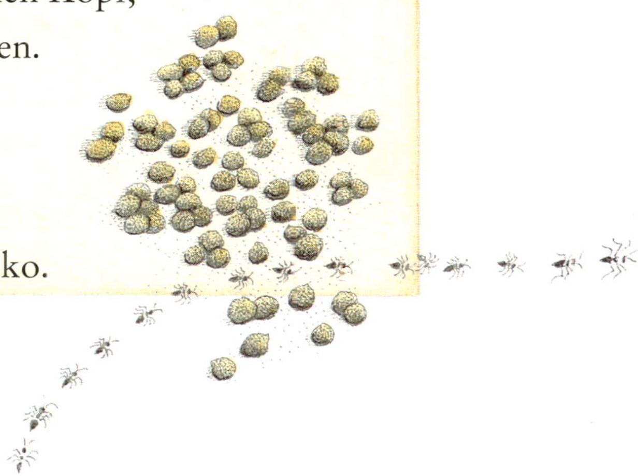

»Pah«, machte Ram wieder.
»Die sind kein bißchen gesellig.
Immer laufen sie alleine rum.
Noch nie hat ein Feldhase
mit mir geredet.
Die halten sich für was Besseres.«
»Das bildest du dir nur ein«, sagte Polko.
»Sie sind wortkarg, das stimmt.
Du mußt einfach mal von dir aus anfangen,
mit ihnen zu reden.
Wir haben doch die gleiche Sprache,
wir sind verwandt.«
»Verwandt!« rief Ram.
»Die benehmen sich aber
nicht wie Verwandte.
Dabei sind wir auch Hasen,
genau wie sie.« – »Klar«, sagte Polko.
»Wir sind auch Hasen.
Wir leben nur ein bißchen anders.«
»Viel schöner!« rief Ram.
»Unser Leben ist viel, viel schöner.
Wenn ich an unseren Bau denke!

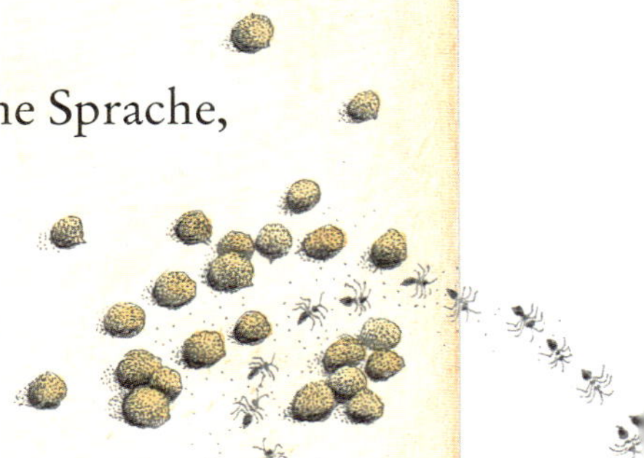

Da haben wir's gemütlich
und sind sicher.«

»Klar«, sagte Polko wieder.
»Bei uns ist's gemütlich.
Die Feldhasen haben keinen Bau
unter der Erde. Die haben überhaupt
keine richtige Wohnung.
Immer nur Ackerfurchen
und Büsche und so was.
Ich möchte kein Feldhase sein.«
Polko kratzte sich,
putzte seine Ohren, und dann sagte er:
»Trotzdem. Sie haben schöne Junge.
Sehr schöne sogar.«
»Schöner als meine bestimmt nicht«,
sagte Ram.

»Da bin ich nicht so sicher«, sagte Polko.
»Hinten am Krautacker habe ich
welche gesehn. Schau sie dir mal an!
Sie sind gerade geboren worden.«
Ram hörte auf zu grasen.
»Gerade geboren. Genau wie meine?«

»Genau wie deine«, bestätigte Polko.
Jetzt war Ram neugierig geworden.
Er hatte noch nie
neugeborene Feldhasen gesehen.
Er wußte nicht einmal, wo die Häsin
ihre Jungen zur Welt bringt.
Das mußte er herausfinden.
Er verließ seinen Vetter und hoppelte
über die große Wiese.
Dann lief er den Krautacker entlang.
Hier und da zupfte er sich
ein saftiges Blatt.
Hier und da knabberte er
an einer jungen Kohlpflanze.
Zwischendurch setzte er sich auf
und hielt Ausschau.

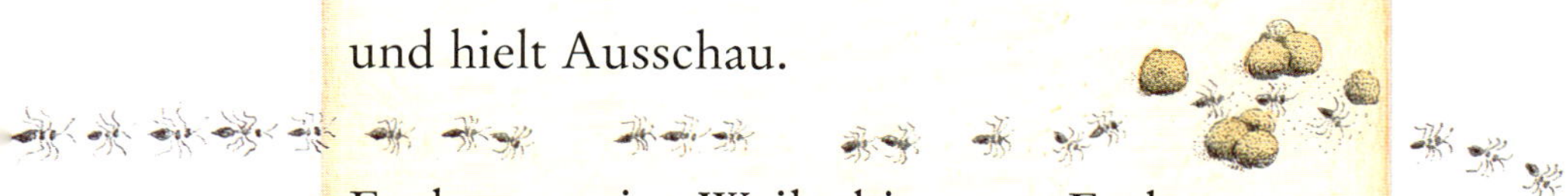

Es dauerte eine Weile, bis er am Ende
des Krautackers angelangt war.
Die kleinen Hasen waren nirgends
zu sehen.
Ram lief die letzte Ackerfurche entlang.

Und da – er wäre fast darüber gestolpert – da entdeckte er sie.

Es waren zwei. Sie hatten kein Nest
wie seine eigenen Jungen.
Sie lagen ganz einfach in einer Kuhle
auf der blanken Erde.
Und sie waren ganz allein.
Kein Vater und keine Mutter
weit und breit. Sie schmiegten sich dicht an
den Boden und rührten sich nicht.
Ihr Fell war graubraun wie die Erde.
Ram traute seinen Augen nicht:
Die Häschen waren noch klein – aber sie
hatten schon offene Augen.
Sie waren sogar sehr klein – aber sie
hatten schon hübsche längliche Ohren.
Sie waren wirklich klein wie
Neugeborene – aber sie waren schon
ganz und gar mit Fell bedeckt.
»Wie ist das nur möglich?«
murmelte Ram. »Offene Augen,
richtige Hasenohren, ein schönes,
dichtes Fell!« Wenn er dagegen
an seine eigenen Jungen dachte:

blind, taub und nackt! Ram war verstört.
Stimmte da irgend etwas nicht?
In tiefen Gedanken hoppelte er davon.
Über den Krautacker und über die Wiese.
Er rupfte ein Büschel Klee –
es schmeckte ihm nicht.
Er nibbelte an einem Löwenzahnblatt –
es schmeckte ihm nicht.
Nach einer Weile schlüpfte er in den Bau.
Er schlich sich in die Kinderstube
zu seinen Jungen.
Sie lagen nebeneinander an Sillas Zitzen
und saugten. Sacht bewegten sich
die rosigen Körperchen.
Sie drängten einander fort,
tappten um sich, suchten eine neue Zitze.
Gesund und zufrieden
schauten sie aus.
Aber Ram sah nur,
daß sie nackt waren,
daß sie geschlossene Augen
und runde Mauseohren hatten.

Silla merkte sofort, daß Ram nicht so war wie sonst. »Ist was los?« fragte sie.
»Och, ich dachte nur . . .«
Ram sagte nicht, was er dachte.
Er wollte Silla nicht kränken.
Aber Silla gab nicht nach.
»Also, was ist?«
Ram ließ die Ohren hängen.
»Es ist nur,
weißt du . . . Da sind nämlich . . .
Da sind zwei kleine Feldhasen.
Hinten am Krautacker.
Die sind ebenso alt wie unsere.«
»Ja, und?« fragte Silla.
»Ja, und«, wiederholte Ram.
»Das ist eigentlich
schon alles.«
Ram schwieg.
Silla schwieg auch.

Sie leckte die Jungen sauber.
Sie zupfte das Nest zurecht
und bedeckte die Kleinen mit der Wolle.
Dann wandte sie sich Ram zu.
»Du bist also bei den kleinen Feldhasen
gewesen«, stellte sie fest.
»Hmmm«, machte Ram.
»Und du hast gesehen,
daß sie weiter sind als unsere.«
»Hmmm«, machte Ram wieder.
»Und jetzt gefallen dir unsere nicht mehr.«
Darauf konnte Ram überhaupt nichts
mehr antworten, nicht einmal hmmm.

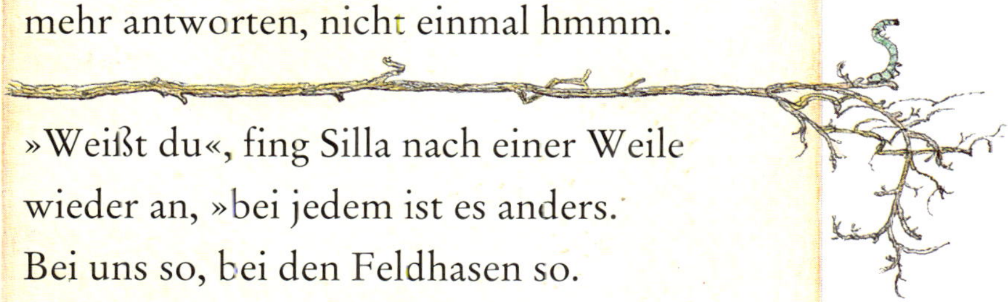

»Weißt du«, fing Silla nach einer Weile
wieder an, »bei jedem ist es anders.
Bei uns so, bei den Feldhasen so.
Das ist ganz in Ordnung.«
Ram warf einen Blick auf das Nest.
»In Ordnung? Meinst du wirklich?«
Da sagte Silla: »Sie werden schon noch. Du
mußt nur ein bißchen Geduld haben.«

Am nächsten Morgen in aller Früh
lief Ram doch wieder
zu den jungen Feldhasen.
Er sah schon von weitem,
daß die Hasenmutter bei ihnen war.
Die Kleinen lagen diesmal nicht reglos
in der Kuhle.
Sie hopsten und purzelten herum.
Und Ram mußte wieder denken:
Sie sind wirklich schon fertige
kleine Hasen. Vorsichtig näherte er sich.
Die Häsin stellte die Ohren auf
und schnupperte. Es geschah selten,
daß ein Kaninchen herüberkam.
Um sie zu beruhigen,
sagte Ram:
»Ich tu' deinen
Jungen nichts.
Ich möchte
mich nur gern
mit dir unterhalten.«

»Unterhalten?« fragte die Häsin.

Ram merkte, daß sie verwundert war.
»Wir haben nämlich auch Junge,
weißt du«, sagte er.
»Ach so«, sagte die Häsin.
»Sieben«, fuhr Ram fort. »Wir haben
sieben Junge. Bei uns sind es meistens
so viele. Du hast nur zwei.«
»Stimmt nicht«, antwortete die Häsin.
»Ich habe vier.«
»Vier? Ich sehe aber nur zwei.«
»Richtig«, sagte die Häsin. »Hier sind nur
zwei. Die beiden andern
liegen ein Stückchen entfernt
in einer anderen Kuhle.«
»Warum denn das?« rief Ram.
»Das ist sicherer«, erklärte die Häsin.
»Du weißt doch selbst, wie das ist
mit den Füchsen und den Raubvögeln.
Zwei können sich besser verstecken
als vier.
Wenn vier auf einmal herumhüpfen,
werden sie leichter entdeckt.«

»Und die beiden andern?« fragte Ram.
»Sind die jetzt ganz allein?«
»Natürlich«, antwortete die Häsin.
»Ich kann mich doch nicht um alle gleichzeitig kümmern.«

»Und der Vater?« fragte Ram.
»Wir Hasenmütter«, sagte die Häsin,
»ziehen unsere Kinder alleine groß.«
Ram wurde nachdenklich.
»Bei uns«, sagte er, »ist das alles anders.
Unsere Jungen liegen in einem Bau
unter der Erde.«
Und dann erzählte er von dem weichen,
warmen Nest in der Kinderstube
und von der großen Kaninchenfamilie.
Die beiden Hasenkinder
rutschten näher und hörten zu.

Als Ram fort war, bestürmten sie
ihre Mutter mit Fragen.
»Warum haben wir
kein weiches,
warmes
Nest?«

»Ihr habt eine Kuhle und ein weiches,
warmes Fell. Das ist ebenso gut«,
antwortete die Mutter.
»Und warum haben wir keinen Vater?«
»Keinen Vater!« rief die Häsin.
»Was für ein Unfug.
Natürlich habt ihr einen Vater.
Er lebt nur nicht mit uns zusammen.
Der Hasenmann kommt,
wenn wir uns paaren, wenn wir Junge
bekommen wollen.
Ich finde, das ist ganz in Ordnung.
Wenn ihr groß seid, könnt ihr selbst
ausprobieren, was für euch richtig ist.«
Die beiden Hasenkinder waren
Schwestern. Sie sahen sich sehr ähnlich.
Nur an den Ohren
konnte man sie unterscheiden.
Die eine hatte bräunliche Ohren.
Bei der anderen waren sie ein bißchen
mehr grau. Deshalb nannte die Mutter
sie Braunohr und Grauohr.

»Erzähl mal von unsern Geschwistern!«
verlangte Braunohr.
»Wo sind die denn?«
»Am Waldrand«, sagte die Mutter.
»Dürfen wir da mal hin?« fragte Grauohr.
»Und was sind das überhaupt für welche?
Schwestern oder Brüder?«
»Eine Schwester und ein Bruder«, sagte die
Mutter. »Aber bis zum Wald ist es noch zu
weit für euch. Eure Beine
müssen erst kräftiger werden;
so kräftig, daß ihr den Füchsen
und den Hunden davonrennen könnt.«
»Sind Füchse und Hunde schlimm?«
fragten die Häschen.
»Für uns Hasen sind sie schlimm«,
erklärte die Mutter. »Zum Glück
können wir schneller laufen als sie.
Sie erwischen uns nicht so leicht.«
»Wir wollen lernen, ganz schnell zu
laufen«, sagte Schwester Braunohr.
Sie hoppelte auf die Wiese.

Grauohr folgte ihr. »Jetzt üben wir!«
riefen alle beide.
Und dann
fingen sie an
zu hopsen
und mit den
Hinterbeinen
auszuschlagen.

Da, plötzlich –
was war das?
Ein Schatten fiel auf die Wiese.
Es war kein großer Schatten.
Nicht wie eine Wolke.
Der Schatten war schmal,
und er huschte über sie hin.
»Duckt euch! Schnell!« rief die Häsin.
Die Jungen preßten sich an die Erde.
Vom Gras verdeckt, lagen sie da
und rührten sich nicht.

Auch die Häsin war in ein Versteck
gesprungen. Mit klopfendem Herzen
äugte sie zum Himmel:
Da war er, der Raubvogel!
Er kreiste genau über ihnen.
Den Kopf hielt er gesenkt,
und seine scharfen Augen suchten
den Boden ab. –
Aber die kleinen Hasen fand er nicht.
Nach einer Weile schwang er sich
hoch hinauf und flog davon.
»Das habt ihr gut gemacht«,
lobte die Hasenmutter.
»Wenn ihr herumgehüpft wärt ...«
»Was dann?« fragte Grauohr.
Die Häsin trommelte aufgeregt
mit den Vorderpfoten auf den Boden.
»Dann«, rief sie, »hätte er euch entdeckt,
und er hätte sich auf euch gestürzt.«
Von da an wußten die beiden Hasenkinder:
Vor dem Raubvogel
müssen wir uns in acht nehmen.

Sonne, Mond
und Regenwolken
zogen über das Land.
Die kleinen Hasen
wurden größer und kräftiger.
Tagsüber lagen sie in der Kuhle
und schliefen.
Abends und am frühen Morgen
in der Dämmerung liefen sie auf die Wiese.
Sie übten Schnellaufen,
und sie begannen Gras zu knabbern.
Milch brauchten sie immer noch.
Die Häsin säugte sie aber
nicht mehr so oft.
Die beiden Häschen saßen
mit aufgestellten Ohren
im Gras und spähten
nach der Mutter aus.

»Wann kommt sie denn endlich?«
rief Braunohr.
»Wo die immer bleibt!« sagte Grauohr.

»Vielleicht ist sie bei unseren
Geschwistern«, überlegte Braunohr.
»Bei denen soll sie aber nicht länger
sein als bei uns«, sagte Grauohr.

Da endlich sahen sie die Mutter kommen.
Aber sie lief nicht wie sonst.
Sie rannte so schnell, wie die Jungen
sie noch nie hatten rennen sehen.
Hinter ihr her hetzte ein riesiger Hund.
Mit weiten Sprüngen lief die Mutter
über das Grasland.
Der Hund war ihr dicht auf den Fersen.
»Er packt sie!« schrie Grauohr.

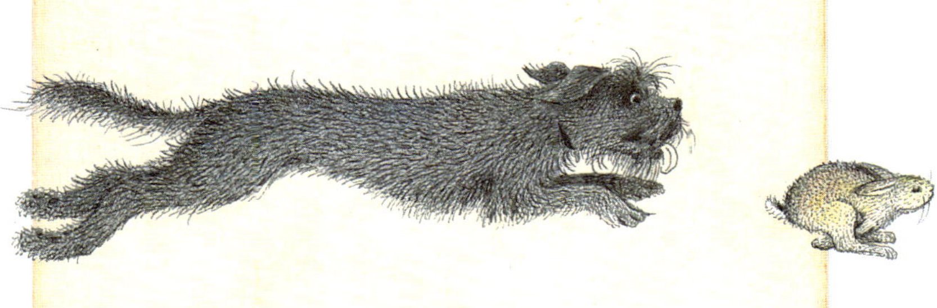

Da sprang die Häsin blitzschnell herum . . .

. . . und rannte in der anderen Richtung weiter.

Der Hund wollte auch
in vollem Lauf wenden.
Aber das schaffte er nicht.
Er purzelte zweimal um sich selbst.
Als er wieder auf den Beinen stand,
war die Häsin im Gestrüpp verschwunden.
»Toll«, flüsterte Braunohr.
»Wie unsere
Mutter
das macht!«

»Wir wollen das auch bald so machen«,
sagte Grauohr.

Der große Hund schnupperte herum
und rannte der Hasenspur nach.
Durch das dichte Gestrüpp
kam er aber nicht.
Er knurrte und trottete weiter.
Die Häsin wartete noch eine Weile.
Erst als der Hund weit fort war,
sprang sie zu ihren Jungen in die Kuhle.
Die beiden Hasenkinder kuschelten sich
sofort an ihren Bauch und begannen
zu trinken.

Auch die sieben Kaninchen
im Kaninchenbau wurden
größer. Sie bekamen große runde
Augen, ein dichtes wolliges Fell
und schöne längliche Hasenohren.
»Na?« fragte Silla ihren Ram.
»Was sagst du jetzt?«
Ram betrachtete die Kleinen mit Stolz.
»Die sind in Ordnung, alle sieben.
Ist doch klar!«
An diesem Abend durften die jungen
Kaninchen zum ersten Mal
die Kinderstube verlassen.
Hinter Silla krochen sie durch
die unterirdischen Gänge ins Freie.
Ram war vorausgelaufen.
»Silla kommt mit den Jungen!«
rief er seinem Vetter Polko
schon von weitem zu.
»Da bin ich gespannt«, sagte Polko.
»Kannst du auch sein«, erwiderte Ram.

»So schöne Kaninchenkinder hast du bestimmt noch nicht gesehen.
Ich sage ja immer:
Man muß nur Geduld haben!«
Polko antwortete nicht. Er blinkerte nur ein bißchen mit den Augen.
Als Silla mit ihren Jungen erschien, war die ganze Wiese schon voller Kaninchen. Fast alle waren aus dem Bau gekommen, um in der Dämmerung zu grasen. Für die sieben Jungen war alles neu. Sie tollten im Gras herum.
Sie nibbelten zum ersten Mal Grünes.
Und sie schnupperten an allem:
an den Pfefferminzblättern,
an dem dicken Käfer
und an der Schnecke.

»Siehst du«, sagte Silla zu Ram, »ich brauche ihnen nichts zu erklären.
Sie verstehen alles von ganz allein.«
Und Ram sagte wieder:
»Die sind in Ordnung. Ist doch klar!«

Der Himmel wurde dunkelblau.
Es war ganz still.
Die Kaninchen bewegten sich langsam
über das Grasland und fraßen sich satt.
Zwischendurch setzten sie sich auf
und lauschten.
Da ertönte ein Geräusch,
das die sieben Jungen
nie zuvor gehört hatten:
Ein alter Kaninchenmann trommelte.
Er klopfte mit einem Hinterbein hart
und schnell auf den Boden.
Im gleichen Augenblick
rannte die ganze Kaninchenschar los.
Alle rannten zum Bau und drängten
in die Schlupflöcher.
Hopp und schwupp, fort waren sie!

Die Wiese lag einsam im Mondlicht.
Nur die Eule war da.
Lautlos kam sie aus dunklen Zweigen
und flog dicht über die Erde.
Die kleinen Kaninchen
waren ihr entwischt.
Aber die Eule hatte Geduld.
Mit ihren großen Augen
sah sie auch bei Nacht alles genau.
Mit ihren feinen Ohren
hörte sie jedes Geräusch.
Da raschelte es im Gras.
Etwas huschte über den Boden –
und die Eule stieß zu.
Gleich darauf flog sie wieder auf.
In ihren Fängen trug sie eine Maus.
Die brachte sie zu ihren drei hungrigen
Jungen ins Eulennest.

Die kleinen Feldhasen
machten schon weite Ausflüge.
Auch bei ihren Geschwistern
am Waldrand waren sie gewesen.
Meistens blieben sie zusammen.
Aber sie lernten, allein zu bleiben
und alles selbst zu machen.
Wenn sie Hunger hatten, liefen sie
auf den Krautacker oder ins Kleefeld.
Ihre Mutter sahen sie immer seltener.
»Du«, sagte Grauohr eines Tages,
»aus unserer Mutter kommt überhaupt
keine Milch mehr.
Ich glaube, wir sind jetzt schon groß.«
Schwester Braunohr
hatte gerade
angefangen,
sich zu putzen.
Zuerst machte sie
die Pfoten
mit Spucke naß.

Damit fuhr sie sich über das Gesicht
und über den ganzen Kopf.
Dann kamen die Ohren dran.
Erst das rechte, dann das linke.
Sie zog jedes Ohr
mit den Pfoten herunter.
Sorgfältig strich und striegelte sie
daran herum.
Zum Schluß beleckte sie das Fell
mit der Zunge und kämmte es
mit den Vorderzähnen durch.

Als sie fertig war, antwortete sie
auf Grauohrs Frage: »Stimmt.
Wir sind jetzt schon groß.
Klee und Krautblätter
mag ich am allerliebsten.«

»Findest du eigentlich«, fragte Grauohr, »daß es die jungen Kaninchen besser haben? Die wohnen noch lange bei ihren Eltern.«
Darüber mußte Braunohr erst nachdenken.
»Außerdem«, fing Grauohr wieder an, »haben sie einen Bau. Da können sie hineinschlüpfen, wenn der Fuchs kommt oder die Eule.«
Braunohr antwortete: »Wer es besser hat, kann man gar nicht sagen. Mir gefällt es, daß wir frei sind. Außerdem hat keiner so schnelle Beine wie wir.«
»Klar«, sagte Grauohr. »So schnell wie wir kann kein Kaninchen rennen.«
Die beiden Hasenmädchen hoppelten hinunter zum Bach. Dort war das Gras saftig und hoch gewachsen.
Die Hasen konnten sich ganz darin verstecken.

Nur wenn sie sich aufrichteten,
lugten die Augen und die Ohren heraus.

»Schau, wer da kommt!« sagte Grauohr.
Es war die Mutter. Aber sie war nicht allein. Ein Hasenmann folgte ihr.
»Ob das unser Vater ist?«
überlegte Grauohr.
Die Häsin benahm sich aber nicht freundlich. Sie hüpfte immer ein paar Schritte voraus. Wenn er sie einholen wollte, lief sie ihm weg.
Er jagte ihr nach.
Sie rannte schneller und wich ihm aus.
Schließlich stürmte der Hasenmann mit langen Sätzen auf sie los.
Da drehte sie sich um und stellte sich auf die Hinterbeine.
Mit den Vorderpfoten gab sie ihm Ohrfeigen, daß es nur so klatschte.
Der fremde Hase wehrte sich und boxte zurück.
Aber er war ein bißchen kleiner und schwächer als die Häsin.
Gegen die kam er nicht an.

Er flüchtete mit flatternden Ohren.
Die kleinen Hasen hatten den Kampf
gespannt beobachtet.
»Den mag sie nicht«, stellte Grauohr fest.
»Der ist bestimmt nicht unser Vater.«
»Wie die sich verprügelt haben!«
sagte Braunohr.
»Unsere Mutter ist stark und mutig«,
sagte Grauohr.
Von da an schlichen ständig
fremde Hasen um die Mutter herum.
Aber keiner gefiel ihr.
Sie kümmerte sich gar nicht um sie.
Nur wenn ihr einer zu nah kam,
teilte sie Prügel aus.
Dann aber erschienen gleich
zwei Hasenmänner auf einmal.

Sie rannten den Hügel herunter;
einer von links, einer von rechts.
In der Mulde prallten sie aufeinander.
»Hau ab!« schrie der eine.
»Hau du doch ab!« knurrte der andere.

Einen Augenblick standen sie sich zornig gegenüber. Dann erhoben sie sich auf die Hinterbeine und droschen aufeinander ein.
Wutsch, watsch, auf den Kopf; wutsch, watsch, über die Ohren.
Grauohr und Braunohr äugten über das hohe Gras.
»Warum verprügeln die sich?« fragte Grauohr. »Verstehst du das?«
»Vielleicht«, überlegte Braunohr, »vielleicht sind sie alle beide wild auf unsere Mutter.« Und so war es auch.
Die Hasenmänner kämpften um die Häsin.
Aber die tat so, als ginge sie das überhaupt nichts an. Sie hoppelte auf der Wiese herum und fraß.
Rupfte ein bißchen Klee, nibbelte an einem Salbeiblatt.
Von Zeit zu Zeit warf sie aber doch einen Blick auf die Kämpfer.

Der eine sah schon ziemlich
zerschunden aus.
Am Kopf fehlte ihm ein Stückchen Fell,
und sein linkes Ohr blutete.
Er versetzte seinem Gegner
noch einen letzten Hieb,
dann hatte er genug.
Er drehte sich um und rannte
über die Hügel davon.

Der Sieger schnaufte tief
und schüttelte sein Fell.
Die Häsin äugte zu ihm hinüber.
Und als er auf sie zuhoppelte,
lief sie nicht fort.

»Den mag sie«, sagte Grauohr.
»Ich glaub', der ist unser Vater.«
»Auf den«, sagte Braunohr,
»hat sie gewartet.
Sie will bestimmt wieder Junge.«
»Weil wir jetzt nämlich groß sind«,
setzte Grauohr hinzu.

Nun warteten die beiden Hasenschwestern
nicht mehr auf die Mutter.
Sie lagen auch nicht mehr zusammen
in der Kuhle.
Jede schlief da, wo sie gerade
eine passende Erdmulde fand.
Dann kam der Abend,
an dem Braunohr sagte:
»Schwesterchen, ich wandere aus!«
»Wohin willst du denn wandern?«
fragte Grauohr.
»Fort von hier. Es gibt noch andere
Wälder und Wiesen. Viel schönere sogar.
Und Felder, da wachsen Rüben
und Kohlrabi.«
Grauohr staunte. »Woher weißt du das?«
»Ich hab's gesehen. Oben vom Hügel aus.
Ich zieh' gleich los. Willst du mit?«
»Nicht gleich«, sagte Grauohr.
»Ich trau' mich noch nicht.«

»Überleg's dir«, sagte Braunohr.
»Du kannst ja nachkommen.«
Mit weiten Sprüngen hüpfte sie über
das Grasland. Bald war sie hinter
Büschen und Hügeln verschwunden.

Grauohr blieb allein zurück.
Macht nichts, dachte sie.
Ich bin ja jetzt groß. Ich kann hingehen,
wohin ich will. Vielleicht bleibe ich hier,
vielleicht auch nicht.
Sie begann, sich die Ohren zu putzen; ganz
lange und ganz sorgfältig.
Nebelschwaden zogen über die Wiese.
Dann legte sich die Dunkelheit auf das
Land. Mit ihr kamen andere Geräusche
und andere Stimmen. Grauohr lauschte:
Frösche quarrten im Moor.
Ein Kauz schrie.
Über die Gräser surrte ein Nachtfalter.
Und dann hörte sie das heisere Bellen,
das vom Wald herüberdrang.

Sie schnupperte und äugte:
Etwas Dunkles löste sich
aus dem Dickicht, schlich näher.

Mit einem Satz schnellte Grauohr hoch und rannte los. Zum ersten Mal rannte sie um ihr Leben. Sie hetzte über das Feld, über Gestrüpp und über Gräben. Der Fuchs war dicht hinter ihr. Sie schlug Haken und änderte die Richtung. Der Fuchs verfolgte sie. Aber bald blieb er ein Stück zurück. Der Abstand zwischen ihnen wurde größer und größer. Schließlich sprang Grauohr ins Unterholz und drückte sich in eine Erdmulde. Das Herz klopfte ihr wild von dem rasenden Lauf.

Aber sie war gerettet. Ich hab's geschafft! dachte sie. Mich erwischt keiner. Und ich kann alles ganz allein. Genau wie Braunohr.

Es war heller Mittag.
Die Kaninchen lagen
in ihren Wohnhöhlen und schliefen.
Nur Ram fand keine Ruhe.
Er lief von einer Wohnung zur anderen
und weckte alle auf.

»Habt ihr Polko gesehen?« fragte er.
»Polko ist nicht im Bau.«
Die einen sagten: »In der Nacht war er eine
Zeitlang mit uns beim Grasen.«
Die andern sagten: »Zuletzt haben wir ihn
am andern Ende der Wiese gesehn.
Ziemlich weit fort von uns.«
Mehr konnte Ram nicht erfahren.
»Ich mach' mir Sorgen um Polko«,
sagte er zu Silla.
»Er ist oft so leichtsinnig.«

»Meinst du, daß etwas Schlimmes
mit ihm ist?« fragte Silla.
Und weil Ram nicht antwortete,
sagte sie: »Vielleicht ein Fuchs
oder eine Eule oder ein großer Hund.«
»Oder . . .« Ram zögerte.
»Oder was?« drängte Silla.
»Ach, Silla, hast du dir noch nie
Gedanken darüber gemacht?«
»Gedanken? Worüber?«
»Über das Unheimliche,
das keiner von uns richtig begreift«,
antwortete Ram.
»Es ist kein Fuchs und kein anderes
gefährliches Tier.
Es ist nur dieses fremde Geräusch,
dieser kurze scharfe Knall.
Dann purzelt einer von uns ins Gras
und bleibt liegen.«

Silla begann zu zittern. »Ram, bitte sprich nicht davon!«

»Keiner will davon sprechen«, erwiderte Ram.

»Aber es ist trotzdem da.«

»Und Polko?« flüsterte Silla.

»Ich weiß nicht«, sagte Ram.

Die beiden Kaninchen kuschelten sich aneinander und waren traurig.

Alle im Bau waren traurig.

Die Mütter warnten ihre Jungen immer wieder: »Lauft nie zu weit weg! Achtet auf jeden Schatten und auf jedes Knacken im Wald! Wenn der Älteste trommelt, rennt in den Bau, so schnell ihr könnt!«

Kurze Zeit später sagte Silla zu Ram:
»Unsere Jungen hören nicht mehr
auf mich.«
Ram antwortete: »Sie sind groß
und kräftig geworden.
Sie brauchen uns nicht mehr.
Ich denke, sie werden bald
von uns fortgehn.«
»Von uns fortgehn?« rief Silla.
»Alle sieben?«
Ram schwieg.
Er dachte: Es wird alles kommen,
wie es richtig ist.
Und da hatte er recht.
Die jungen Kaninchen wurden wild
und unruhig.
Ihre Kinderstube war zu eng geworden.
Sie fanden kaum mehr Platz darin.

Da erklärte eines von ihnen:
»Ich grabe mir eine eigene Höhle.«
»Ich auch«, sagte ein anderes.
»Im Bau gibt's eine Stelle, wo man leicht
noch ein paar Höhlen
ausschachten kann.«
»Wo?«
wollten zwei der Geschwister wissen.
»Hinten, wo der Hauptgang
in den Wald führt.
Dort hält die Decke besonders gut.
Die Baumwurzeln geben
eine feste Stütze.«
Bald waren sich vier
der sieben Jungen einig.

Aber drei wollten nicht mitmachen.

»Warum sollen wir bleiben,
wo wir geboren sind?« rief das erste.
»Wir wollen fremde Kaninchen
kennenlernen.«
»Und einen eigenen Bau haben«,
sagte das zweite.
»Ganz weit weg«, sagte das dritte.
Sie beschlossen, noch am gleichen Abend
loszuziehen.

Als Mutter Silla das erfuhr,
jammerte sie: »Was wollt ihr?
Weg von zu Hause?
Wer weiß, was euch da alles passiert!«
Aber die Jungen erklärten:
»Wir passen gut auf.
Und wir schaffen es ganz allein.«
Ram sagte: »Wir haben ihnen
alles beigebracht, was sie wissen müssen.
Laß sie nur! – Außerdem«, er schaute
Silla zärtlich an, »außerdem kannst du bald
neue Kinder haben.«

Da sagte Silla: »Ja ja,
aber schwer ist es trotzdem.
Sie waren meine ersten.«
Ram hatte begonnen,
sich die Ohren zu putzen.
Silla äugte über die Wiese,
wo die Jungen in der Dämmerung
verschwanden.
Sie schnupperte, lauschte
und hockte sich dann ins Gras.
Und während sie an einem Blatt nibbelte,
dachte sie:
Bald wird der Mond wieder rund sein.
Bald bekommt das Kraut dicke Köpfe.
Es ist alles ganz in Ordnung.

Tilde Michels
wurde in Frankfurt a. M. geboren und lebt heute in München. Sie ist eine der bekanntesten deutschen Kinderbuchautorinnen. Daneben arbeitet sie für Funk und Fernsehen und als Übersetzerin. Ihre Bücher wurden mehrfach ausgezeichnet.

Käthi Bhend
wurde 1942 in Olten in der Schweiz geboren. Sie arbeitete als Grafikerin in Lausanne, Paris und Zürich und erhielt viele Preise und Auszeichnungen. Seit einigen Jahren Jahren lebt sie in einem Bauernhaus im Kanton Appenzell.

Die Deutsche Bibliothek – CIP-Einheitsaufnahme

Michels, Tilde:
Kleine Hasen werden groß / Tilde Michels.
Mit bunten Bildern von Käthi Bend.
- 1. Aufl. der überarb. Neuausg. -
Würzburg: Ed. Bücherbär, 1996
(Der Kinderbuchbär: Mit bunten Bildern)
ISBN 3-401-07181-5

1. Auflage der überarbeiteten Neuausgabe 1996

Einband und Illustrationen: Käthi Bhend
Gesamtherstellung: Westermann Druck Zwickau GmbH
ISBN 3-401-07181-5